Min tvåspråkiga bilderbok
Cartea mea bilingvă cu ilustrații

Sefas vackraste barnsagor i en volym

Ulrich Renz • Barbara Brinkmann:

Sov gott, lilla vargen · Somn ușor, micule lup
För barn från 2 år

Cornelia Haas • Ulrich Renz:

Min allra vackraste dröm · Visul meu cel mai frumos
För barn från 2 år

Ulrich Renz • Marc Robitzky:

De vilda svanarna · Lebedele sălbatice
Efter en saga av Hans Christian Andersen
För barn från 5 år

© 2024 by Sefa Verlag Kirsten Bödeker, Lübeck, Germany. www.sefa-verlag.de

Special thanks to Paul Bödeker, Freiburg, Germany

All rights reserved.

ISBN: 9783756305438

Läsa · Lyssna · Förstå

Sov gott, lilla vargen
Somn uşor, micule lup

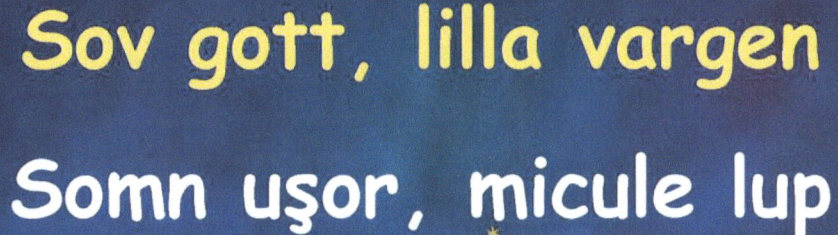

Ulrich Renz / Barbara Brinkmann

svenska — tvåspråkig — rumänska

Översättning:

Katrin Bienzle Arruda (svenska)

Stefan Gitman (rumänska)

Ljudbok och video:

www.sefa-bilingual.com/bonus

Fri tillgång med lösenordet:

svenska: **LWSV2831**

rumänska: **LWRO2724**

God natt, Tim! Vi fortsätter att leta imorgon.
Sov nu så gott!

Noapte bună, Tim! Vom continua să căutăm mâine.
Somn uşor!

Det är redan mörkt ute.

Afară este deja întuneric.

Vad gör Tim där?

Ce face Tim acolo?

Han går ut till lekplatsen.
Vad är det han letar efter?

Iese afară, se duce la locul de joacă.
Pe cine caută oare acolo?

Den lilla vargen!

Han kan inte sova utan den.

Pe micul lup!

Nu poate dormi fără el.

Vem är det nu som kommer?

Cine vine acum?

Marie! Hon letar efter sin boll.

Marie! Ea îşi caută mingea.

Och vad letar Tobi efter?

Şi oare ce caută Tobi?

Sin grävmaskin.

Excavatorul lui.

Och vad letar Nala efter?

Şi oare ce caută Nala?

Sin docka.

Păpuşa ei.

Måste inte barnen gå och lägga sig?
Undrar katten.

Copiii ăştia nu trebuie să se ducă la culcare?
Pisica se miră.

Vem kommer nu?

Cine vine acum?

Tims mamma och pappa!
Utan deras Tim kan de inte sova.

Mama şi tatăl lui Tim!
Ei nu pot dormi fără Tim.

Och nu kommer ännu fler! Maries pappa.
Tobis morfar. Nalas mamma.

Şi acum vin mai mulţi! Tatăl Mariei.
Bunicul lui Tobi. Şi mama Nalei.

Nu skyndar vi oss i säng!

Acum repede în pătuţ!

God natt, Tim!
Imorgon behöver vi inte leta mer!

Noapte bună, Tim.
Nu mai e nevoie să căutăm mâine.

Sov gott, lilla vargen!

Somn uşor, micule lup!

Cornelia Haas • Ulrich Renz

Min allra vackraste dröm

Visul meu cel mai frumos

Översättning:

Narona Thordsen (svenska)

Bianca Roiban (rumänska)

Ljudbok och video:

www.sefa-bilingual.com/bonus

Fri tillgång med lösenordet:

svenska: **BDSV2831**

rumänska: **BDRO2724**

Lulu kan inte somna. Alla andra drömmer redan – hajen, elefanten, den lilla musen, draken, kängurun, riddaren, apan, piloten. Och lejonungen. Även björnen kan nästan inte hålla ögonen öppna ... Du björn, kan du ta med mig in i din dröm?

Lulu nu poate să adoarmă. Toți ceilalți visează deja – rechinul, elefantul, șoarecele cel mic, dragonul, cangurul, cavalerul, maimuța, pilotul. Și puiul de leu. Și ursului aproape că i se închid ochii.

Ursule, mă iei cu tine în visul tău?

Och med det så finner sig Lulu i björnarnas drömland. Björnen fångar fisk i Tagayumisjön. Och Lulu undrar, vem skulle kunna bo där uppe i träden? När drömmen är slut vill Lulu uppleva ännu mer. Följ med, vi hälsar på hajen! Vad kan han drömma om?

Și deja este Lulu în lumea de vis a urșilor. Ursul prinde pești în lacul Tagayumi. Și Lulu se miră, oare cine locuiește acolo sus în copaci? Când visul s-a sfârșit, Lulu vrea să descopere și mai mult. Hai și tu, îl vizităm pe rechin! Oare ce visează el?

Hajen leker tafatt med fiskarna. Äntligen har han vänner! Ingen är rädd för hans spetsiga tänder.

När drömmen är slut vill Lulu uppleva ännu mer. Följ med, vi hälsar på elefanten! Vad kan han drömma om?

Rechinul se joacă de-a prinselea cu peștii. În sfârșit are prieteni! Niciunuia nu îi e frică de dinții lui ascuțiți.
Când visul s-a sfârșit, Lulu vrea să descopere și mai mult. Haideți și voi, îl vizităm pe elefant! Oare ce visează el?

Elefanten är lika lätt som en fjäder och kan flyga! Snart landar han på den himmelska ängen.

När drömmen är slut vill Lulu uppleva ännu mer. Följ med, vi hälsar på den lilla musen! Vad kan hon drömma om?

Elefantul este ușor ca o pană și poate zbura! Imediat aterizează pe pajiștea cerului.

Când visul s-a sfârșit, Lulu vrea să descopere și mai mult. Haideți și voi, îl vizităm pe șoarecele cel mic. Oare ce visează el?

Den lilla musen är på ett tivoli. Mest gillar hon berg- och dalbanan. När drömmen är slut vill Lulu uppleva ännu mer. Följ med, vi hälsar på draken. Vad kan hon drömma om?

Șoarecele cel mic e la bâlci. Cel mai mult îi place trenulețul zburător. Când visul s-a sfârșit, Lulu vrea să descopere și mai mult. Haideți și voi, îl vizităm pe dragon. Oare ce visează el?

Draken är törstig av att ha sprutat eld. Hon skulle vilja dricka upp hela sockerdrickasjön.

När drömmen är slut vill Lulu uppleva ännu mer. Följ med, vi hälsar på kängurun! Vad kan hon drömma om?

Dragonului îi este sete de la scuipat de foc. Cel mai mult i-ar plăcea să bea tot lacul de limonadă.
Când visul s-a sfârșit, Lulu vrea să descopere și mai mult. Haideți și voi, îl vizităm pe cangur! Oare ce visează el?

Kängurun hoppar genom godisfabriken och stoppar sin pung full. Ännu fler av de blåa karamellerna! Och ännu fler klubbor! Och choklad!
När drömmen är slut vill Lulu uppleva ännu mer. Följ med, vi hälsar på riddaren. Vad kan han drömma om?

Cangurul sare prin fabrica de dulciuri și își îndoapă marsupiul. Și mai multe bomboane albastre! Și mai multe acadele! Și ciocolata!
Când visul s-a sfârșit, Lulu vrea să descopere și mai mult. Haideți și voi, îl vizităm pe cavaler! Oare ce visează el?

Riddaren har tårtkrig med sin drömprinsessa. Oj! Gräddtårtan missar! När drömmen är slut vill Lulu uppleva ännu mer. Följ med, vi hälsar på apan! Vad kan han drömma om?

Cavalerul face o bătaie cu tort cu prințesa lui de vis. Oh! Tortul de frișcă zboară pe lângă!

Când visul s-a sfârșit, Lulu vrea să descopere și mai mult. Haideți și voi, o vizităm pe maimuță! Oare ce visează ea?

Äntligen har det snöat i aplandet! Hela apgänget är helt uppspelta och gör rackartyg.

När drömmen är slut vill Lulu uppleva ännu mer. Följ med, vi hälsar på piloten! I vilken dröm kan han ha landat i?

În sfârșit a nins odată în lumea maimuțelor! Toată trupa maimuțelor și-a ieșit din minte și face spectacol.

Când visul s-a sfârșit, Lulu vrea să descopere și mai mult. Haideți și voi, îl vizităm pe pilot! În ce vis a aterizat el oare?

Piloten flyger och flyger. Ända till världens ände och ännu längre, ända till stjärnorna. Ingen pilot har någonsin klarat av detta tidigare.

När drömmen är slut så är alla väldigt trötta och känner inte för att uppleva mycket mer. Men lejonungen vill de fortfarande hälsa på. Vad kan hon drömma om?

Pilotul zboară și zboară. Până la capătul pământului și mai departe până la stele. Așa ceva nu a reușit nici un alt pilot.

Când visul s-a sfârșit, sunt toți foarte obosiți și nu mai vor să descopere așa de multe. Dar pe puiul de leu mai vor să îl viziteze. Oare ce visează el?

Lejonungen har hemlängtan och vill tillbaka till sin varma mysiga säng.
Och de andra med.

Och där börjar ...

Puiului de leu îi este dor de casă și vrea înapoi în patul cald și pufos.
Și ceilalți la fel.

Și atunci începe ...

... Lulus
allra vackraste dröm.

... visul cel mai frumos
al lui Lulu.

Ulrich Renz • Marc Robitzky

De vilda svanarna
Lebedele sălbatice

Översättning:

Narona Thordsen (svenska)

Bianca Roiban (rumänska)

Ljudbok och video:

www.sefa-bilingual.com/bonus

Fri tillgång med lösenordet:

svenska: **WSSV2831**

rumänska: **WSRO2724**

Ulrich Renz · Marc Robitzky

De vilda svanarna

Lebedele sălbatice

Efter en saga av

Hans Christian Andersen

svenska — tvåspråkig — rumänska

Det var en gång tolv kungabarn—elva bröder och en storasyster, Elisa. De levde lyckliga i ett underbart vackert slott.

Au fost odată, ca niciodată doisprezece copii de rege – unsprezece frați și o soră mai mare, Elisa. Ei trăiau fericiți într-un palat minunat.

En dag dog modern, och efter en tid gifte sig kungen på nytt. Men den nya kvinnan var en elak häxa. Hon förtrollade de elva prinsarna så att de blev svanar och skickade dem långt bort till ett fjärran land bakom den stora skogen.

Într-o zi mama murise, și după un timp regele se recăsători. Dar soția cea nouă era o vrăjitoare rea. Ea vrăji pe cei unsprezece prinți în lebede și îi trimise departe, într-o țară depărtată, după pădurea cea mare.

Flickan klädde hon i trasor och smörjde in henne med en ful salva i ansiktet så att den egna fadern inte längre kände igen henne och jagade bort henne från slottet. Elisa sprang in i den mörka skogen.

Ea a îmbrăcat fetița în zdrențe și îi mânji fața cu o alifie urâtă, așa încât chiar propriul tată nu o mai recunoscu și o izgoni din palat. Elisa fugi în pădurea neagră.

Nu var hon helt ensam och längtade efter hennes försvunna bröder med hela sitt hjärta. När det blev kväll bäddade hon en säng av mossa under träden.

Acum era foarte singură și tânjea din adâncul sufletului după frații ei dispăruți. Când se înoptă își făcu sub pomi un pat din mușchi.

Nästa morgon kom hon fram till en lugn sjö och blev förskräckt när hon däri såg sin spegelbild. Men efter att hon hade tvättat sig var hon det vackraste kungabarnet på jorden.

Ziua următoare veni ea la un lac limpede și se îngrozi când își văzu chipul oglindit. Însă după ce se spălă, era cel mai frumos copil de rege sub soare.

Efter många dagar nådde Elisa det stora havet. På vågorna gungade elva svanfjädrar.

După multe zile ajunse Elisa la marea cea mare. Pe valuri pluteau unsprezece pene de lebede.

När solen gick ner hördes ett sus i luften och elva vilda svanar landade på vattnet. Elisa kände genast igen sina förtrollade bröder. Men för att dom talade svanspråket kunde hon inte förstå dem.

La apusul soarelui s-a auzit un fâlfâit în aer și unsprezece lebede aterizau pe apa. Elisa recunoscu imediat pe frații ei vrăjiți. Dar fiindca ei vorbeau limba lebedelor, ea nu îi putea înțelege.

På dagen flög svanarna bort, under natten kurade syskonen ihop sig i en grotta.

En natt hade Elisa en besynnerlig dröm: Hennes mor sade till henne hur hon kunde befria sina bröder. Av nässlor skulle hon sticka en skjorta för varje svan och dra den över den. Men tills dess får hon inte tala ett enda ord, annars måste hennes bröder dö.
Elisa började genast med arbetet. Trots att hennes händer sved som brända med eld stickade hon outtröttligt.

Ziua lebedele plecau în zbor, noaptea se cuibăreau frații împreună cu sora lor într-o peșteră.

Într-o noapte Elisa avuse un vis ciudat: mama ei îi spuse cum putea să-și elibereze frații. Din urzici trebuia să tricoteze pentru fiecare lebădă o cămășuță și să o arunce peste ea. Dar până atunci nu avea voie să vorbească nici un cuvânt, altfel ar fi trebuit să moară frații ei.
Elisa se puse imediat pe treabă. Deși mâinile îi ardeau ca focul, ea tricota neobosită. Ziua lebedele plecau în zbor, noaptea se cuibăreau frații împreună cu sora lor într-o peșteră.

En dag ljöd jakthorn i fjärran. En prins kom ridande med sitt följe och stod snart framför henne. När de såg in i varandras ögon blev de förälskade i varandra.

Într-o zi se auziră din depărtare cornuri de vânătoare. Un prinț veni cu alaiul său călărind și în curând stătu în fața ei. De îndată ce-și întâlniră privirile, se îndrăgostiră unul de celălalt.

Prinsen lyfte upp Elisa på sin häst och red med henne till sitt slott.

Prințul o ridică pe Elisa pe calul său și călări cu ea spre palatul său.

Den mäktige skattmästaren var allt annat än glad över ankomsten av den stumma vackra. Hans egen dotter skulle bli prinsens brud.

Puternicul trezorier nu era deloc fericit de sosirea frumoasei mute. Fiica sa trebuia să devină mireasa prințului.

Elisa hade inte glömt sina bröder. Varje kväll fortsatte hon att arbeta med skjortona. En natt gick hon ut till kyrkogården för att hämta färska nässlor. Samtidigt blev hon hemligt iakttagen av skattmästaren.

Elisa nu își uitase frații. În fiecare noapte lucră mai departe la cămășuțe. Într-o noapte se duse în cimitir ca să adune urzici proaspete. Trezorierul o spiona.

Så snart som prinsen var på en jaktutflykt lät skattmästaren slänga Elisa i fängelsehålan. Han hävdade att hon var en häxa som mötte andra häxor på natten.

De îndată ce prințul plecă la vânătoare, puse ca Elisa să fie aruncată în temniță. El susținea că ea ar fi o vrăjitoare, care se întâlnea noaptea cu alte vrăjitoare.

I gryningen blev Elisa hämtad av vakterna. Hon skulle brännas på torget.

Dis de dimineață au venit păzitorii după ea. Trebuia să fie arsă pe rug.

De hade knappast kommit fram när plötsligt elva vita svanar kom flygande. Snabbt drog Elisa en nässelskjorta över var och en. Snart stod alla hennes bröder framför henne som människofigurer. Bara den yngsta, vars skjorta inte hade blivit helt färdig, behöll en vinge istället för en arm.

De abea ajunse acolo, că deodată unsprezece lebede albe veniseră în zbor. Repede Elisa aruncă fiecăreia câte o cămășuță de urzici. De îndată stăteau toți frații în chip de om în fața ei. Doar celui mai mic, a cărui cămașă încă nu fusese gata, îi rămase în loc de braț o aripă.

Syskonens kramande och pussande hade inte tagit slut än när prinsen kom tillbaka. Äntligen kunde Elisa förklara alltihopa. Prinsen lät den elake skattmästaren slängas i fängelsehålan. Och sedan firade de bröllop i sju dagar.

Och så levde de lyckliga i alla sina dagar.

Îmbrățișările și sărutările fraților înca nu se terminaseră când prințul se întoarse. În sfârșit putu Elisa să îi explice totul. Prințul puse ca răul trezorier să fie aruncat în temniță. Și după accea se sărbători șapte zile nuntă.

Și au trăit fericiți până la adânci bătrâneți.

Hans Christian Andersen

Hans Christian Andersen was born in the Danish city of Odense in 1805, and died in 1875 in Copenhagen. He gained world fame with his literary fairy-tales such as „The Little Mermaid", „The Emperor's New Clothes" and „The Ugly Duckling". The tale at hand, „The Wild Swans", was first published in 1838. It has been translated into more than one hundred languages and adapted for a wide range of media including theater, film and musical.

Barbara Brinkmann föddes i München (Tyskland) år 1969. Hon studerade arkitektur i München och arbetar för närvarande vid Institutionen för Arkitektur vid München tekniska universitet. Hon arbetar också som grafisk formgivare, illustratör och författare.

Cornelia Haas föddes 1972 nära Augsburg (Tyskland). Efter utbildningen som skylt- och ljusreklamtillverkare studerade hon design vid Münster yrkeshögskola och utexaminerades som diplom designer. Sedan 2001 illusterar hon barn- och ungdomsböcker, sedan 2013 undervisar hon i akryl- och digitalmålning vid Münster yrkeshögskola.

Marc Robitzky, born in 1973, studied at the Technical School of Art in Hamburg and the Academy of Visual Arts in Frankfurt. He works as a freelance illustrator and communication designer in Aschaffenburg (Germany).

Ulrich Renz föddes 1960 i Stuttgart (Tyskland). Efter att ha studerat fransk litteratur i Paris tog han läkarexamen i Lübeck och var chef för ett vetenskapligt förlag. Idag är Renz frilansförfattare, förutom faktaböcker skriver han barn- och ungdomsböcker.

Gillar du att måla?

Här kan du hitta bilderna från berättelsen för färgläggning:

www.sefa-bilingual.com/coloring

www.ingramcontent.com/pod-product-compliance
Lightning Source LLC
LaVergne TN
LVHW070444080526
838202LV00035B/2725